Impressum
Verlag: BABADADA GmbH, Nedderfeld 112 , 22529 Hamburg
Geschäftsführer / Verlagsleitung: Harald Hof
Druck: Books on Demand GmbH, In de Tarpen 42, 22848 Norderstedt

Imprint
Publisher: BABADADA GmbH, Nedderfeld 112 , 22529 Hamburg, Germany
Managing Director / Publishing direction: Harald Hof
Print: Books on Demand GmbH, In de Tarpen 42, 22848 Norderstedt, Germany

escuela

مدرسه

aula
کلاس درس
dividir
تقسیم کردن
186/2
mesa
تخته
patio de escuela
docente
معلم
papel
کاغذ
escribir
نوشتن
bolígrafo
خودکار
escritorio
میز تحریر
regla
خط کش
libro
کتاب
alumno
دانش آموز

mochila escolar

کیف مدرسه

caja de lápices

جامدادی

lápiz

مداد

sacapuntas

تراش

goma de borrar

پاک کن

bloc de dibujo

دفتر رسم

dibujo

طراحی

pincel

قلم مو

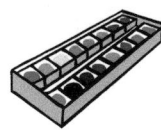

caja de pinturas

جعبه ی آبرنگ

tijera

قیچی

pegamento

چسب

libro de ejercicios

کتاب تمرین

tarea

تکلیف خانه

número

رقم

sumar

جمع کردن

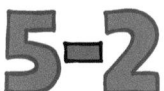

restar

تفریق کردن

multiplicar

ضرب کردن

calcular

محاسبه کردن

letra

حرف الفبا

alfabeto

الفبا

palabra

کلمه

texto

متن

leer

خواندن

tiza

گچ

lección

درس

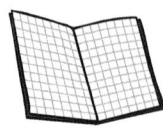

libro de clase

ثبت نام

examen

امتحان

certificado

مدرک رسمی

uniforme escolar

لباس مدرسه

educación

تحصیلات

enciclopedia

دانشنامه

universidad

دانشگاه

microscopio

میکروسکوپ

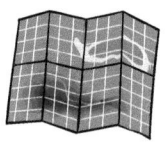

mapa

نقشه

cesto de papeles

سبد کاغذ باطله

hotel
هتل
albergue
مسافرخانه
casa de cambio
صرافی
maleta
چمدان
auto
اتومبیل

idioma

زبان

sí / no

بله / خیر

ok

اُکی

hola

سلام

intérprete

مترجم

gracias

ممنون

¿Cuánto cuesta...?

قیمت ... چه قدر است؟

No entiendo

من متوجه نمی شوم

problema

مشکل

¡Buenas tardes!

عصر بخیر! / شب بخیر!

¡Buenos días!

صبح بخیر!

¡Buenas noches!

شب بخیر!

adiós

خدانگهدار

dirección

جهت

equipaje

بار سفر

bolso

کیف

mochila

کوله پشتی

invitado

مهمان

cuarto

اتاق

saco de dormir

کیسه خواب

tienda de campaña

خیمه

información al turista

مرکز راهنمای گردشگران

playa

ساحل

tarjeta de crédito

کارت اعتباری

desayuno

صبحانه

almuerzo

نهار

cena

شام

pasaje

بلیط

ascensor

آسانسور

sello

مهر

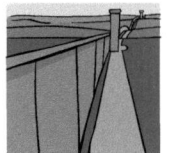

límite

مرز

aduana

گمرک

embajada

سفارتخانه

visa

ویزا

pasaporte

گذرنامه

transporte

حمل و نقل

avión
هواپیما
barco
کشتی
coche de bomberos
ماشین آتش نشانی
bus
اتوبوس
camión
کامیون
lancha a motor
قایق موتوری
bicicleta
دوچرخه
auto
اتومبیل

balsa
کشتی مسافربری

lancha
قایق

motocicleta
موتورسیکلت

auto de policía
ماشین پلیس

auto de carreras
ماشین مسابقه

auto de alquiler
ماشین کرایه ای

alquiler de autos

به اشتراک گذاری اتوموبیل

grúa

جرثقیل

vehículo recolector de basura

ماشین حمل زباله

motor

موتور

gasolina

بنزین

gasolinera

پمپ بنزین

señal de tráfico

تابلو راهنمایی و رانندگی

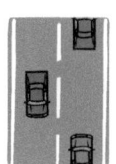

tránsito

عبور و مرور

atasco

ترافیک

estacionamiento

پارکینگ

estación de tren

ایستگاه قطار

carril

ریل راه آهن

tren

قطار

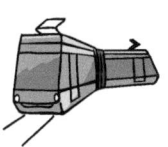

tranvía

قطار برقی

vagón

واگن

helicóptero

هليكوپتر

aeropuerto

فرودگاه

torre

برج

pasajero

مسافر

contenedor

كانتينر

caja de cartón

كارتن

carro

گاری

cesta

سبد

despegar / aterrizar

به پرواز درآمدن / فرود آمدن

ciudad

شهر

aldea

دهکده

centro de la ciudad

مرکز شهر

casa

خانه

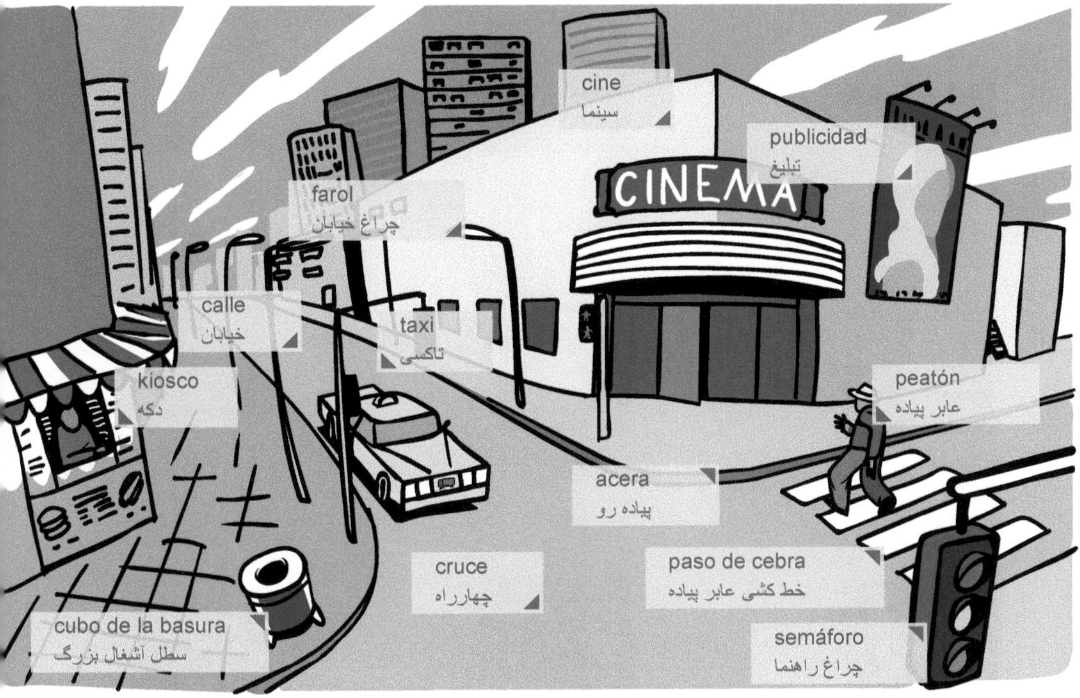
cine
سینما
publicidad
تبلیغ
CINEMA
farol
چراغ خیابان
calle
خیابان
taxi
تاکسی
kiosco
دکه
peatón
عابر پیاده
acera
پیاده رو
cruce
چهارراه
paso de cebra
خط کشی عابر پیاده
cubo de la basura
سطل آشغال بزرگ
semáforo
چراغ راهنما

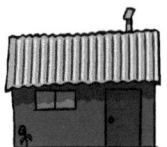

cabaña
کلبه

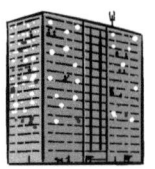

apartamento
آپارتمان

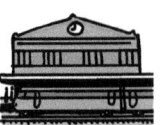

estación de tren
ایستگاه قطار

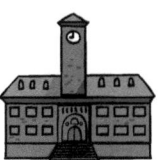

ayuntamiento
ساختمان شهرداری

MUSEUM
museo
موزه

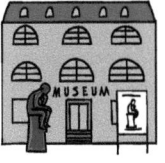

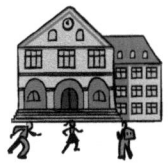

escuela
مدرسه

universidad

دانشگاه

banco

بانک

hospital

بیمارستان

hotel

هتل

farmacia

داروخانه

oficina

اداره

librería

کتابفروشی

negocio

مغازه

florería

گل فروشی

supermercado

سوپرمارکت

mercado

بازار

grandes almacenes

فروشگاه بزرگ

pescadería

ماهی فروش

centro comercial

مرکز خرید

puerto

بندر

parque

پارک

banco

نیمکت

puente

پل

escalera

پله

metro

مترو

túnel

تونل

parada de autobuses

ایستگاه اتوبوس

bar

میخانه

restaurante

رستوران

buzón de correo

صندوق پست

letrero

تابلوی خیابان

parquímetro

دستگاه پارکومتر

zoológico

باغ وحش

piscina

استخر شنای عمومی

mezquita

مسجد

granja

مزرعه

polución

آلودگی محیط زیست

cementerio

قبرستان

iglesia

کلیسا

parque infantil

زمین بازی

templo

معبد

paisaje

چشم انداز

hoja
برگ

indicador de camino
تابلوی راهنمای مسیر

sendero
راه

pradera
چمنزار

piedra
سنگ

caminante
راه نورد

árbol
درخت

río
رودخانه

pasto
چمن

flor
گل

valle

درّه

montaña

تپّه

lago

دریاچه

bosque

جنگل

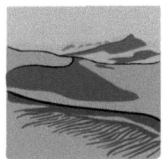

desierto

بیابان

volcán

کوه آتشفشان

castillo

قلعه

arco iris

رنگین کمان

seta

قارچ

palmera

درخت نخل

mosquito

پشه

mosca

مگس

hormiga

مورچه

abeja

زنبور

araña

عنکبوت

escarabajo

سوسک

rana

قورباغه

ardilla

سنجاب

erizo

جوجه تیغی

liebre

خرگوش صحرایی

lechuza

جغد

pájaro

پرنده

cisne

قو

jabalí

گراز

ciervo

گوزن نر

alce

گوزن شمالی

embalse

سد آب

aerogenerador

توربین بادی

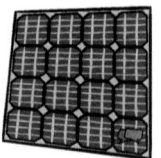

módulo solar

صفحه ی خورشیدی

clima

آب و هوا

restaurante

رستوران

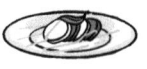

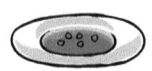

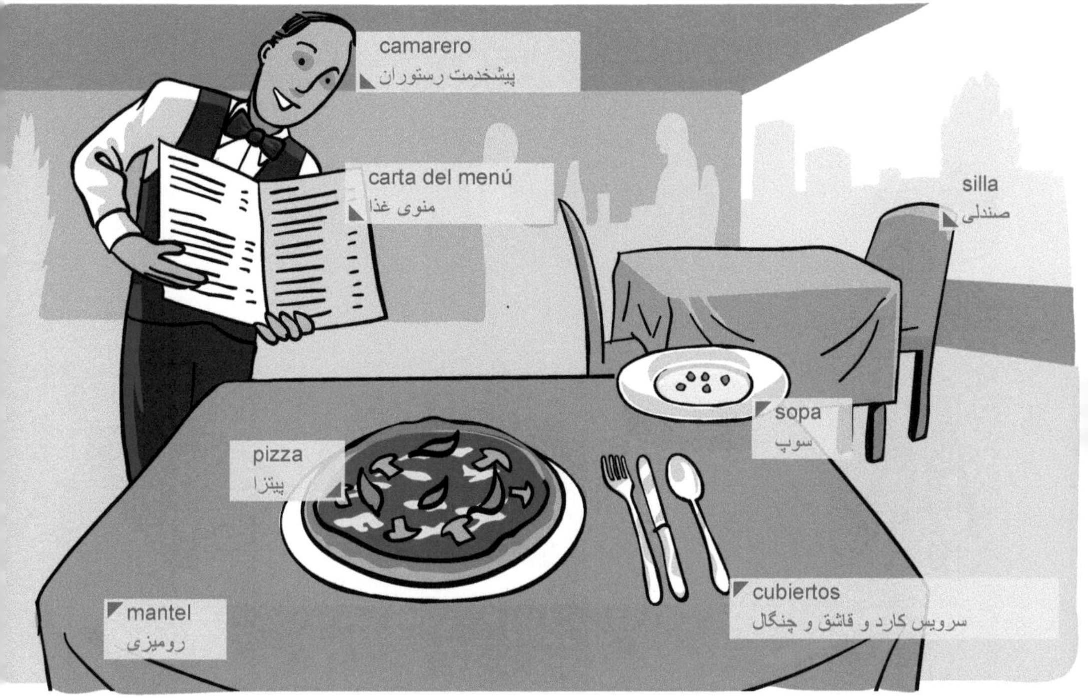
camarero
پیشخدمت رستوران
carta del menú
منوی غذا
silla
صندلی
sopa
سوپ
pizza
پیتزا
cubiertos
سرویس کارد و قاشق و چنگال
mantel
رومیزی

entrada

پیش‌غذا

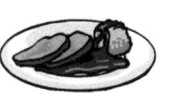

plato principal

غذای اصلی

postre

دسر

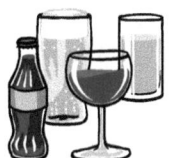

bebida

نوشیدنی ها

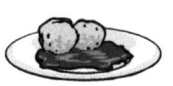

comida

غذا

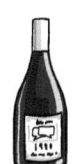

botella

بطری

comida rápida

فست فود

comida callejera

اغذیه خیابانی

tetera

قوری

azucarera

قندان

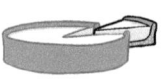

porción

پُرس غذا

máquina de espresso

دستگاه اسپرسو

silla alta

صندلی پایه بلند غذاخوری بچه

factura

صورتحساب

bandeja

سینی

cuchillo

چاقو

tenedor

چنگال

cuchara

قاشق

cuchara de té

قاشق چایخوری

servilleta

دستمال سفره

vaso

لیوان

restaurante - رستوران

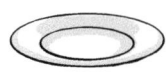

plato

بشقاب

plato de sopa

بشقاب سوپخوری

platillo

نعلبکی

salsa

سس

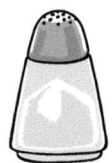

salero

نمکدان

molinillo para pimienta

فلفل ساب

vinagre

سرکه

aceite

روغن خوراکی

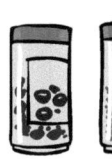

especias

ادویه جات

ketchup

سس کچاپ

mostaza

سس خردل

mayonesa

سس مایونز

supermercado

سوپرمارکت

oferta
پیشنهاد ویژه
cliente
مشتری
productos lácteos
لبنیات
fruta
میوه جات
carrito de compras
چرخ دستی خرید

carnicería
....
قصابی

panadería
....
نانوایی

pesar
....
وزن کردن

verdura
....
سبزیجات

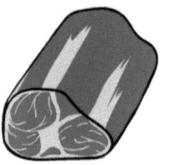

carne
....
گوشت

alimentos congelados
....
غذای منجمد

fiambre

مخلوطی از انواع کالباس یا پنیر که
ورقه ای بریده شده باشند

conservas

غذای کنسروی

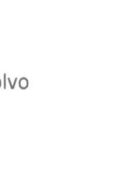

detergente en polvo

پودر لباسشویی

dulces

شیرینی جات

artículos domésticos

لوازم خانگی

productos de limpieza

ماده شوینده و پاک کننده

vendedora

فروشنده

caja

صندوق پرداخت

cajero

صندوقدار

lista de compras

لیست خرید

horario de atención

ساعات کار

cartera

کیف پول

tarjeta de crédito

کارت اعتباری

maleta

کیف

bolsa plástica

کیسه ی پلاستیکی

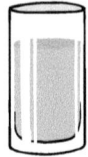

bebida

نوشیدنی ها

agua

آب

jugo

آبمیوه

leche

شیر

refresco de cola

نوشابه کوکاکولا

vino

شراب

cerveza

آبجو

alcohol

الکل

cacao

کاکائو

té

چای

café

قهوه

espresso

قهوه اسپرسو

cappuccino

کاپوچینو

banana

موز

manzana

سیب

naranja

پرتقال

sandía

انواع هندوانه و خربزه

limón

ليمو

zanahoria

هويج

ajo

سير

bambú

نِی بامبو

cebolla

پیاز

seta

قارچ

nueces

آجیل

fideos

ماکارونی

espagueti

اسپاگتی

arroz

برنج

ensalada

سالاد

patatas fritas

سیب زمینی سرخ کرده

patatas salteadas

سیب زمینی سرخ شده

pizza

پیتزا

hamburguesa

همبرگر

sándwich

ساندویچ

escalope

شنیتسل

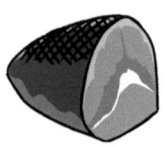

jamón

ژامبون خوک

salame

سالامی

embutido

سوسیس

pollo

مرغ

asado

نوعی گوشت سرخ شده

pescado

ماهی

copos de avena

جوی پرک شده

musli

نوعی صبحانه مخلوطی از برگه ذرت و میوه های خشک شده و خشکبار که معمولا با شیر خورده می شود

copos de maíz tostado

کورن‌فلکس

harina

آرد

croissant

کرواسان

panecillo

نان بروتشن

pan

نان

tostada

نان تست

galletas

بیسکویت

mantequilla

گره

cuajada

کشک

pastel

کیک

huevo

تخم مرغ

huevo frito

تخم مرغ نیمرو

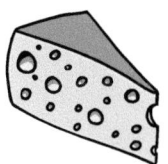

queso

پنیر

helado

بستنی

azúcar

شکر

miel

عسل

mermelada

مربا

praliné

کرم شکلاتی بادامی

curry

ادویه کاری

granja

مزرعه

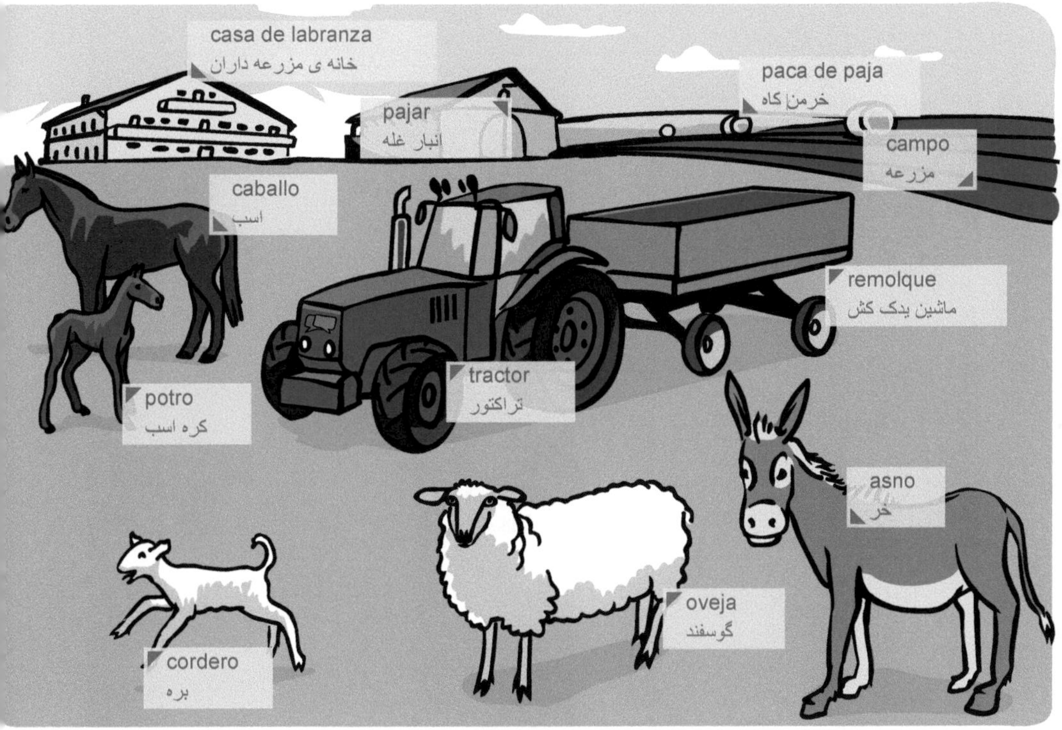
casa de labranza
خانه ی مزرعه داران
pajar
انبار غله
paca de paja
خرمن گاه
campo
مزرعه
caballo
اسب
tractor
تراکتور
remolque
ماشین یدک کش
potro
کره اسب
asno
خر
oveja
گوسفند
cordero
بره

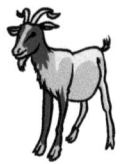

cabra
بز

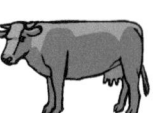

vaca
گاو ماده

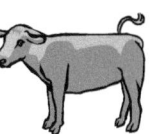

ternero
گوساله

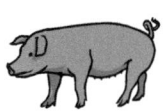

cerdo
خوک

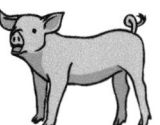

lechón
بچه خوک

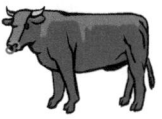

toro
گاو نر

ganso

غاز

pato

اردک

polluelo

جوجه

pollo

مرغ

gallo

خروس

rata

موش صحرایی

gato

گربه

ratón

موش

buey

گاو نر اخته

perro

سگ

caseta del perro

لانه ی سگ

manguera de riego

شلنگ باغبانی

regadera

آبپاش

guadaña

داس دسته بلند

arado

گاوآهن

hoz

داس

azada

کج بیل

bieldo

چنگک باغبانی

hacha

تبر

carretilla

فرقون

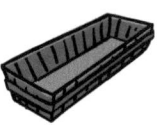

abrevadero

آبشخور

lechera

بطری نگهداری شیر

saco

کیسه

cerca

حصار

establo

اصطبل

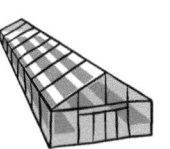

invernadero

گلخانه

suelo

خاک

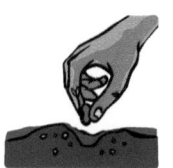

semilla

بذر

fertilizante

کود

cosechadora

ماشین کمباین

cosechar

برداشت کردن محصول

cosecha

محصول

raíz de ñame

تمیس

trigo

گندم

soja

سویا

patata

سیب زمینی

maíz

ذرت

colza

کلزا

Árbol frutal

درخت میوه

mandioca

گیاه مانیوک

cereales

غلات

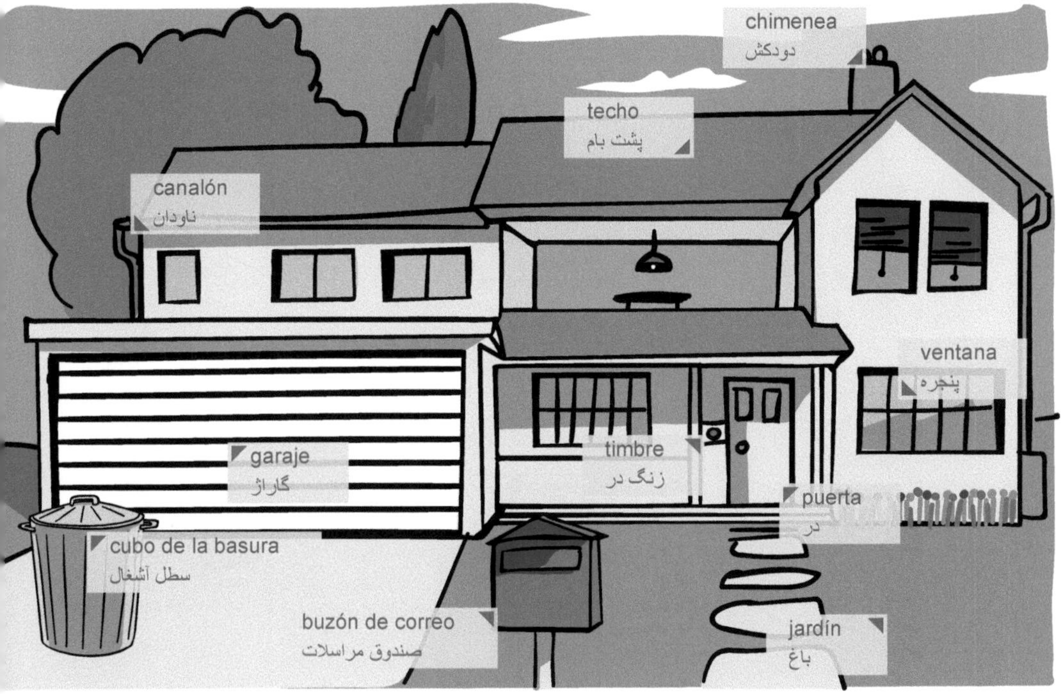

chimenea
دودکش

techo
پشت بام

canalón
ناودان

ventana
پنجره

garaje
گاراژ

timbre
زنگ در

puerta
در

cubo de la basura
سطل آشغال

buzón de correo
صندوق مراسلات

jardín
باغ

cuarto de estar

اتاق نشیمن

cuarto de baño

حمام

cocina

آشپزخانه

dormitorio

اتاق خواب

cuarto de los niños

اتاق بچه

comedor

ناهارخوری

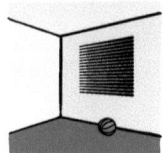

piso

كف زمين

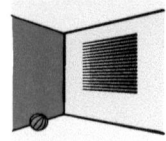

pared

ديوار

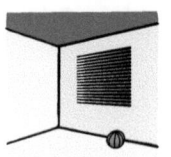

cielorraso

سقف

sótano

زيرزمين

sauna

سونا

balcón

بالكن

terraza

تراس

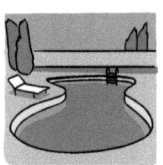

piscina

استخر

cortacésped

ماشين چمنزنى

funda nórdica

ملافه

edredón

روتختى

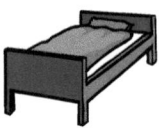

cama

تخت خواب

escoba

جارو

cubo

سطل

interruptor

سويچ يا كليد

cuarto de estar
اتاق نشیمن

papel para empapelar
کاغذ دیواری
imagen
عکس
lámpara
لامپ
estante
قفسه
gabinete
کابینت
televisor
تلویزیون
hogar
شومینه
flor
گل
cojín
کوسن
sofá
کاناپه
florero
گلدان
control remoto
کنترل تلویزیون و ویدئو و غیره

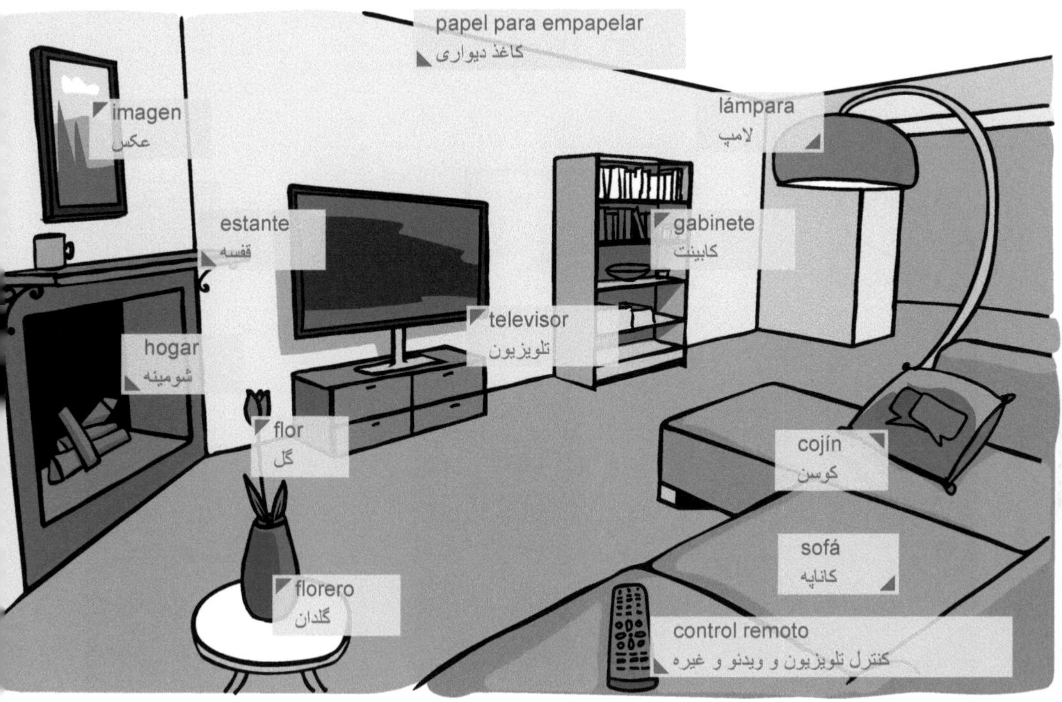

alfombra
....
فرش

cortina
....
پرده

mesa
....
میز

silla
....
صندلی

mecedora
....
صندلی گهواره ایی

sillón
....
صندلی راحتی

libro

كتاب

frazada

لحاف

decoración

دكوراسيون

leña

هيزم

film

فيلم

equipo estereofónico

دستگاه ضبط صوت

llave

كليد

periódico

روزنامه

cuadro

تابلو نقاشى

póster

پوستر

radio

راديو

bloc de notas

دفترچه يادداشت

aspiradora

جاروبرقى

cactus

كاكتوس

vela

شمع

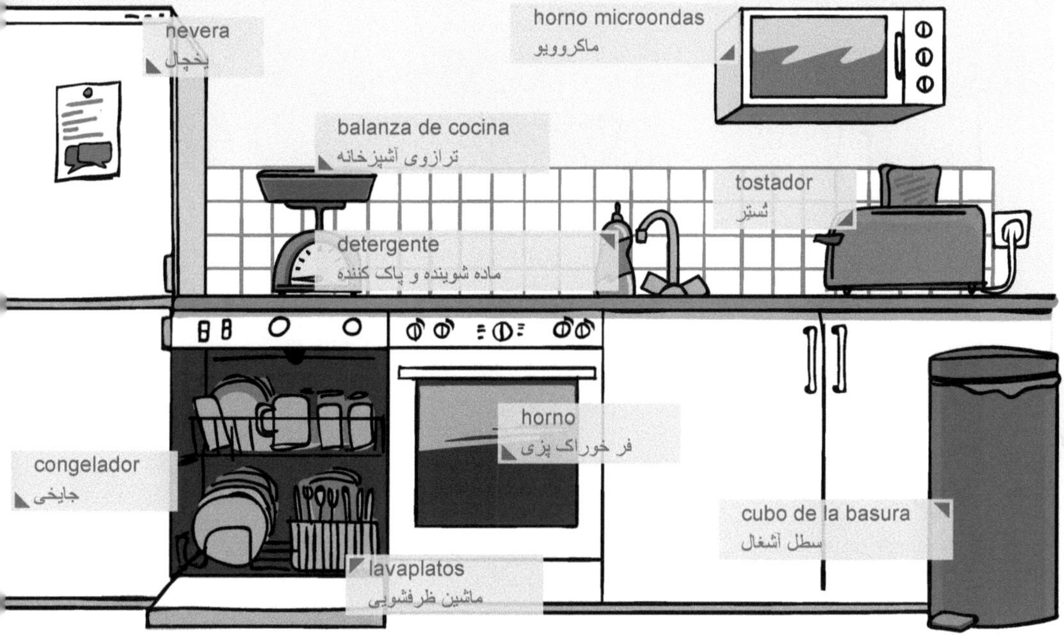

horno microondas
ماکروویو

nevera
یخچال

balanza de cocina
ترازوی آشپزخانه

tostador
تُستر

detergente
ماده شوینده و پاک کننده

horno
فر خوراک پزی

congelador
جایخی

cubo de la basura
سطل آشغال

lavaplatos
ماشین ظرفشویی

cocina
اجاق گاز

olla
قابلمه

olla de fundición de hierro
قابلمه چدنی

wok / kadai
ماهی تابه گود

sartén
ماهی تابه

hervidor de agua
کتری

olla de vapor

بخارپز

bandeja de horno

سینی فر

vajilla

ظرف چینی آشپزخانه

vaso

لیوان

bol

کاسه

palillos para comer

چاپستیک

cucharón de sopa

ملاقه

espátula

کفگیر

batidor

همزن

colador

آبکش

cedazo

آبکش

rallador

رنده

mortero

هاون

parrillada

باربیکیو

fogata

محل مخصوص افروختن آتش

tabla de picar

تخته گوشت و سبزی

rodillo

وردنه

sacacorchos

در بطری بازکن

lata

قوطی

abrelatas

در قوطی بازکن

agarrador

دستگیره پارچه ای

fregadero

سینک ظرفشویی

cepillo

برس گردگیری

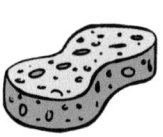

esponja

اسفنج

batidora

مخلوط کن

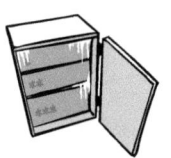

arcón congelador

فریزر

biberón

شیشه شیر بچه

grifo

شیر آب

cuarto de baño

حمام

calefacción
بخاری
toalla
حوله
ducha
دوش
cortina para ducha
پرده ی حمام
baño de espuma
حمام کف
bañera
وان حمام
vaso
لیوان
lavadora
ماشین لباسشویی
grifo
شیر آب
baldosa
کاشی
orinal
لگن دستشویی کودکان
fregadero
سینک ظرفشویی

cuarto de baño

توالت

placa turca

توالت ایرانی

bidé

کاسه توالت

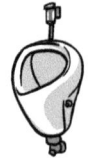

urinario

توالت مخصوص آقایان

papel higiénico

دستمال توالت

escobilla para el cuarto de baño

فرچه توالت

cepillo de dientes

مسواک

pasta dentífrica

خمیردندان

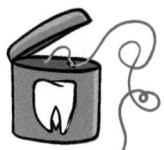

seda dental

نخ دندان

lavar

شستن

ducha teléfono

دوش آب تلفنی

ducha higiénica

شلنگ توالت

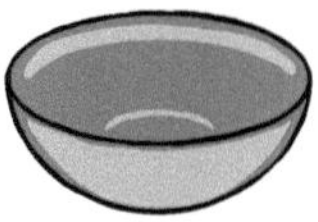

cuenco

لگن روشویی

cepillo para la espalda

برس شست و شوی پشت

jabón

صابون

gel de ducha

شامپو بدن

champú

شامپو

manopla para baño

لیف حمام

desagüe

راه آب

crema

کرم

desodorante

اسپری دئودورانت

espejo

آیینه

espejo de maquillaje

آیینه ی کوچک دستی

máquina de afeitar

تیغ ریش تراشی

espuma de afeitar

کف ریش تراشی

loción para después del afeitado

آفترشیو

peine

شانه ی سر

cepillo

برس

secador para cabello

سشوار

laca de peinado

اسپری مو

maquillaje

آرایش

lápiz labial

رژلب

laca para uñas

لاک ناخن

algodón

پنبه

tijera para uñas

قیچی ناخن

perfume

عطر

neceser

کیف لوازم آرایشی و بهداشتی

taburete

چهارپایه

balanza

ترازو

bata de baño

حوله ی پالتویی

guantes de goma

دستکش ظرفشویی

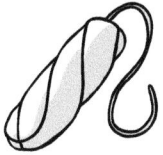

tampón

تامپون

compresa

نوار بهداشتی

wáter químico

توالت سیار

cuarto de los niños

اتاق بچه

despertador
ساعت زنگدار
animal de peluche
نوعی عروسک نرم به شکل حیوانات
auto de juguete
ماشین اسباب بازی
sonajero
جغجغه
casa de muñecas
خانه ی عروسکی
obsequio
کادو

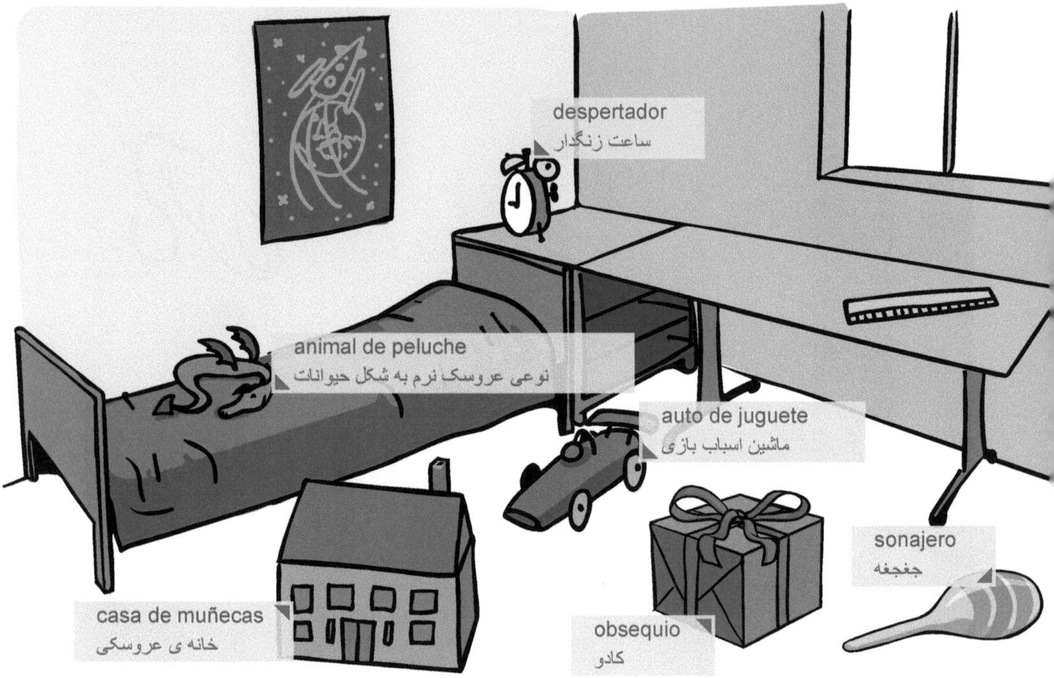

globo

بادکنک

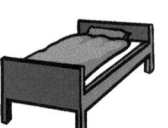

cama

تخت خواب

cochecito para niños

کالسکه بچه

juego de barajas

بازی ورق

rompecabezas

پازل

cómic

داستان مصور

piezas de Lego

اسباب بازی لگو

bloques para jugar

خانه سازی

figura de acción

عروسک شخصیت های فیلم و کارتون

pijama de una pieza

لباس نوزاد

frisbee

فریزبی

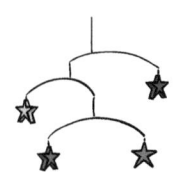

móvil

نوعی اسباب بازی که روی تخت نوزاد
یا کودک نصب می شود

juego de mesa

بازی روی صفحه

dado

تاس

tren eléctrico a escala

قطار اسباب بازی

chupete

پستانک

fiesta

مهمانی

libro de dibujos

کتاب مصور

pelota

توپ

títere

عروسک

jugar

بازی کردن

arenero

جعبه شنی مخصوص بازی کودکان

columpio

تاب

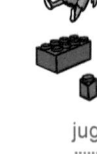

juguetes

اسباب بازی

consola de videojuego

کنسول بازی های کامپیوتری

triciclo

سه چرخه

osito de peluche

خرس عروسکی

guardarropa

کمد لباس

vestimenta

لباس

calcetines

جوراب

medias

جوراب زنانه ساق بلند

panti

جوراب شلواری

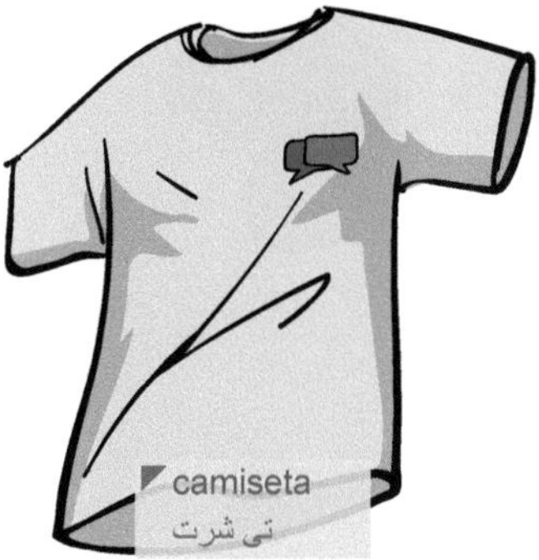

chal
شال

cinturón
کمربند

paraguas
چتر

camiseta
تی شرت

deportivas
کفش ورزشی کتانی

botas
پوتین

zapatilla
دمپایی

sandalias
....
صندل

zapatos
....
کفش

botas de goma
....
چکمه پلاستیکی

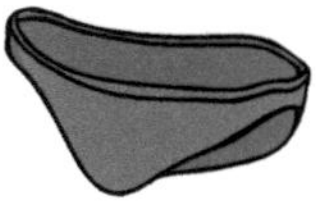

ropa interior
....
شرت

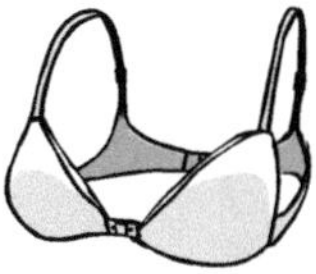

corpiño
....
سوتین

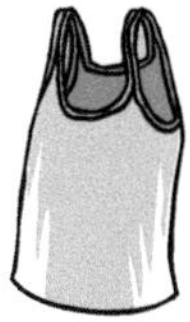

camiseta
....
جلیقه

body

بادی

pantalón

شلوار

jeans

جین

falda

دامن

blusa

بلوز

camisa

پیراهن

pullover

پولیور

sweater

سویی شرتْ

blazer

نوعی کت

chaqueta

ژاکت

abrigo

کت بلند

impermeable

بارانی

traje chaqueta

لباس نمایش

vestido

لباس

vestido de bodas

لباس عروس

traje

كت و شلوار

camisón

لباس خواب زنانه

pijama

پیژامه

sari

ساری

pañuelo de cabeza

روسری

turbante

عمامه

burka

برقع

caftán

قبا

abaya

عبا

traje de baño

لباس شنا

bañador

شرت شنا

shorts

شلوارک

chándal

لباس ورزشی

delantal

پیشبند

guante

دستکش

botón

دکمه

gafa

عینک

brazalete

دستبند

cadena

گردنبند

anillo

انگشتر

aro

گوشواره

gorra

کلاه لبه دار

percha

چوب لباسی

sombrero

کلاه

corbata

کراوات

cierre a cremallera

زیپ

casco

کلاه ایمنی

tiradores

بند شلوار

uniforme escolar

لباس مدرسه

uniforme

لباس فرم

babero

پیش بند بچه

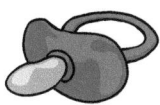

chupete

پستانک

pañal

پوشک بچه

oficina

اداره

servidor
سرور
archivador
کمد نگهداری پرونده
impresora
چاپگر
papel
کاغذ
monitor
مانیتور
ratón
ماوس
escritorio
میز تحریر
carpeta
زونکن
teclado
صفحه کلید
cesto de papeles
سبد کاغذ باطله
ordenador
کامپیوتر
silla
صندلی

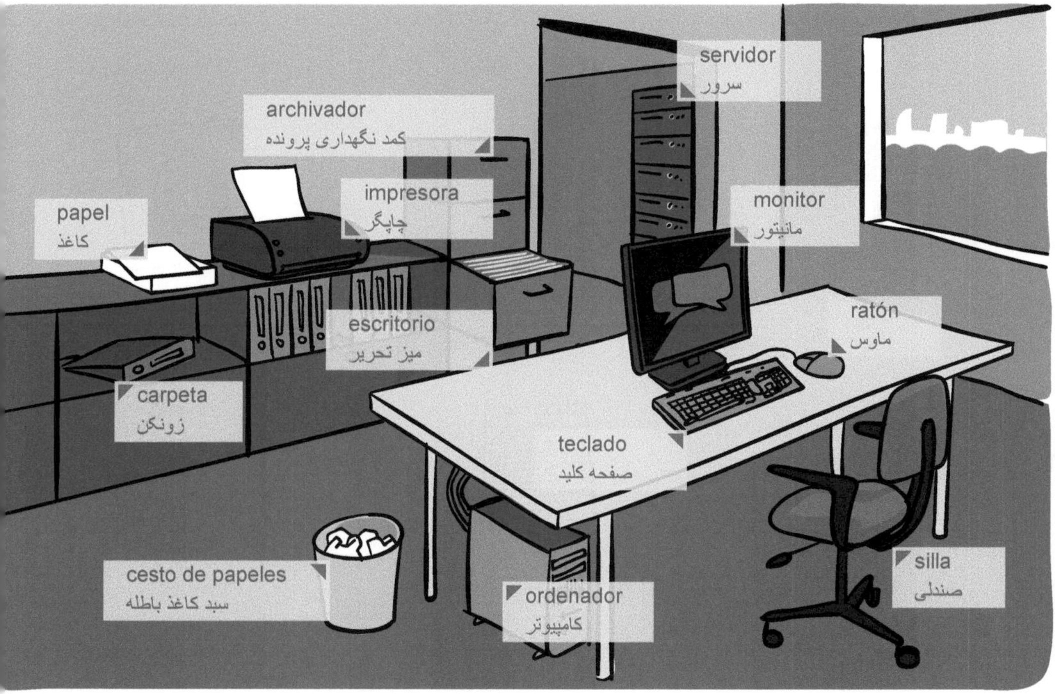

taza de café

لیوان قهوه

calculadora

ماشین حساب

internet

اینترنت

laptop

لپ تاپ

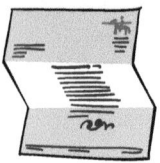

carta

نامه

mensaje

پیغام

teléfono móvil

تلفن همراه

red

شبکه ی ارتباطی

fotocopiadora

دستگاه فتوکپی

software

نرم افزار

teléfono

تلفن

tomacorriente

پریز

máquina de fax

دستگاه فاکس

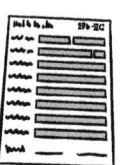

formulario

فرم

documento

مدرک

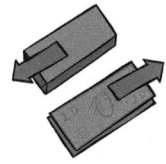

comprar

خریدن

pagar

پرداخت کردن

comerciar

تجارت کردن

dinero

پول

dólar

دلار

euro

یورو

yen

ین

rublo

روبل

franco

فرانک سوئیس

renminbi

یوان رنمینبی

rupia

روپیه

cajero automático

دستگاه خودپرداز

casa de cambio

صرافی

oro

طلا

plata

نقره

petróleo

نفت

energía

انرژی

precio

قیمت

contrato

قرارداد

impuesto

مالیات

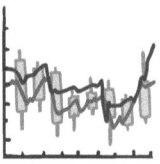

acción

سهام سرمایه

trabajar

کار کردن

empleado

کارمند

empleador

کارفرما

fábrica

کارخانه

negocio

مغازه

ocupaciones
مشاغل

policía
مامور پلیس
bombero
آتش نشان
cocinero
آشپز
médico
دکتر
piloto
خلبان

jardinero
باغبان

carpintero
نجار

costurera
خیاط زنانه

juez
قاضی

químico
شیمیدان

actor
بازیگر

conductor de autobús

راننده اتوبوس

taxista

راننده تاکسی

pescador

ماهیگیر

mujer de la limpieza

نظافتچی زن

techista

سقف ساز

camarero

پیشخدمت رستوران

cazador

شکارچی

pintor

نقاش

panadero

نانوا

electricista

برقکار

albañil

کارگر ساختمانی

ingeniero

مهندس

carnicero

قصاب

fontanero

لوله کش

cartero

پستچی

soldado

سرباز

arquitecto

معمار

cajero

صندوقدار

florista

گل فروش

peluquero

آرایشگر

cobrador

مامور کنترل بلیط در قطار

mecánico

مکانیک

capitán

ناخدا

odontólogo

دندانپزشک

científico

دانشمند

rabino

عالم یهودی

imam

امام

monje

راهب

párroco

کشیش

herramientas
ابزارآلات

martillo
چکش
tenazas
انبردست
destornillador
پیچ گوشتی
llave de tuercas
آچار
lámpara de mes
چراغ قوه

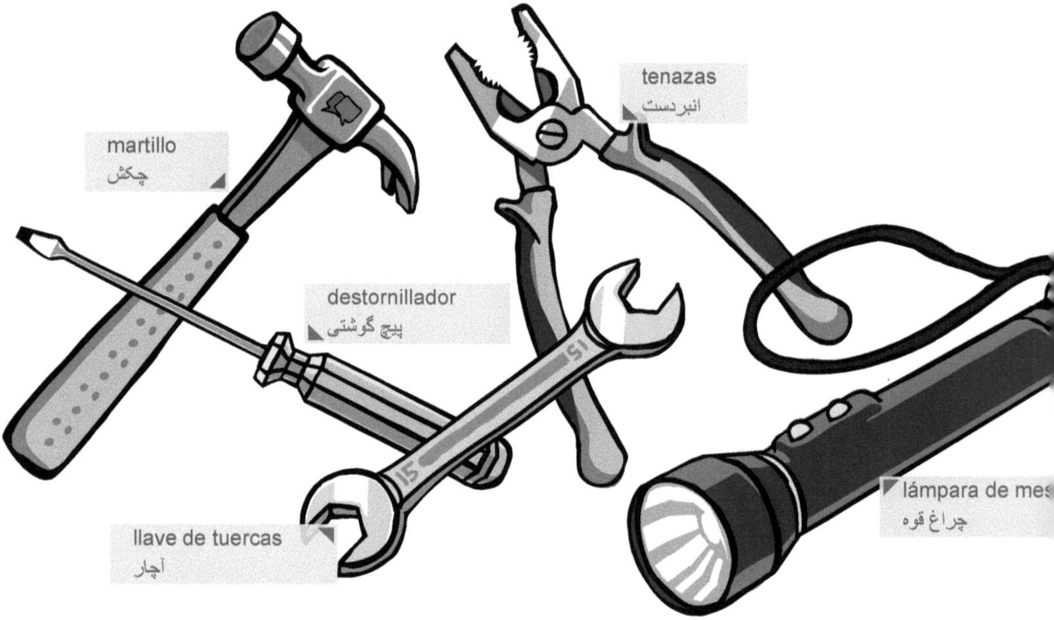

excavadora
بیل مکانیکی

caja de herramientas
جعبه ابزار

escalerilla
نردبان

serrucho
ارّه

clavos
میخ

taladro
مته

reparar

تعمیر کردن

pala

بیل

¡Maldición!

لعنتی!

recogedor

خاک انداز

lata de pintura

سطل رنگرزی

tornillos

پیچ

instrumentos musicales
آلات موسیقی

altavoz
بلندگو

batería
درامز

guitarra
گیتار

contrabajo
کنترباس

trompeta
ترومپیت

piano

پيانو

violín

ويولن

bajo

گيتار بيس

timbales

تيمپانى

tambor

طبل

teclado

کيبورد الکتريک

saxofón

ساکسيفون

flauta

فلوت

micrófono

ميکروفون

zoológico

باغ وحش

entrada
ورودی
tigre
ببر
jaula
قفس
cebra
گورخر
comida para animales
خوراک حیوانات
panda
خرس پاندا

animales

حیوانات

elefante

فیل

canguro

کانگورو

rinoceronte

کرگدن

gorila

گوریل

oso

خرس

camello

شتر

avestruz

شترمرغ

león

شیر

mono

میمون

flamengo

فلامینگو

papagayo

طوطی

oso polar

خرس قطبی

pingüino

پنگوئن

tiburón

کوسه

pavo real

طاووس

serpiente

مار

cocodrilo

تمساح

cuidador del zoológico

نگهبان باغ وحش

foca

خوک آبی

jaguar

پلنگ امریکایی

pony

اسب کوچک

leopardo

پلنگ

hipopótamo

اسب آبی

jirafa

زرافه

águila

عقاب

jabalí

گراز

pescado

ماهی

tortuga

لاک پشت

morsa

شیرماهی

zorro

روباه

gacela

غزال

deporte
ورزش ها

fútbol americano
فوتبال آمریکایی
ciclismo
دوچرخه سواری
tenis
تنیس
baloncesto
بسکتبال
natación
شنا
boxeo
بوکس
hockey sobre hielo
هاکی روی یخ

fútbol
فوتبال

badminton
بدمینتون

atletismo
دوومیدانی

balonmano
هندبال

esquí
اسکی

polo
پولو

saltar
پریدن

reír
خندیدن

abrazar
بغل کردن

caminar
راه رفتن

cantar
آواز خواندن

soñar
رؤیا دیدن

rezar
دعا کردن

besar
بوسیدن

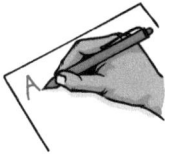

escribir
نوشتن

dibujar
رسم کردن

mostrar
نشان دادن

presionar
هل دادن

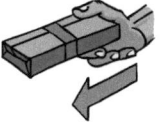

dar
دادن

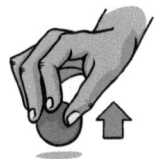

tomar
برداشتن

tener

داشتن

hacer

انجام دادن

ser

بودن

estar de pie

ایستادن

correr

دویدن

tirar

کشیدن

arrojar

پرتاب کردن

caer

افتادن

estar acostado

دراز کشیدن

esperar

منتظر بودن

llevar

حمل کردن

estar sentado

نشستن

vestirse

لباس پوشیدن

dormir

خوابیدن

despertar

بیدار شدن

mirar

تماشا کردن

llorar

گریه کردن

acariciar

نوازش کردن

peinarse

شانه کردن

conversar

حرف زدن

entender

فهمیدن

preguntar

پرسیدن

oír

شنیدن

beber

آشامیدن

comer

خوردن

asear

مرتب کردن

amar

عاشق بودن

cocinar

پختن

conducir

رانندگی کردن

volar

پرواز کردن

navegar

قایقرانی کردن

calcular

محاسبه کردن

leer

خواندن

aprender

یاد گرفتن

trabajar

کار کردن

casarse

ازدواج کردن

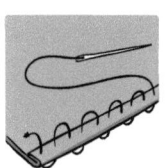

coser

دوختن

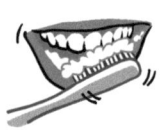

limpiarse los dientes

مسواک زدن

matar

کشتن

fumar

سیگار کشیدن

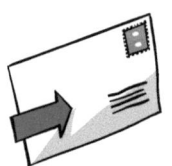

enviar

فرستادن

familia

خانواده

abuela
مادربزرگ
abuelo
پدربزرگ
padre
پدر
madre
مادر
bebé
کودک
hija
فرزند دختر
hijo
فرزند پسر

invitado

مهمان

tía

خاله، عمه

tío

دایی، عمو

hermano

برادر

hermana

خواهر

frente
پیشانی
ojo
چشم
cara
صورت
barbilla
چانه
dedo
انگشت دست
mano
دست
pecho
سینه
brazo
بازو
hombro
شانه
pierna
ساق پا

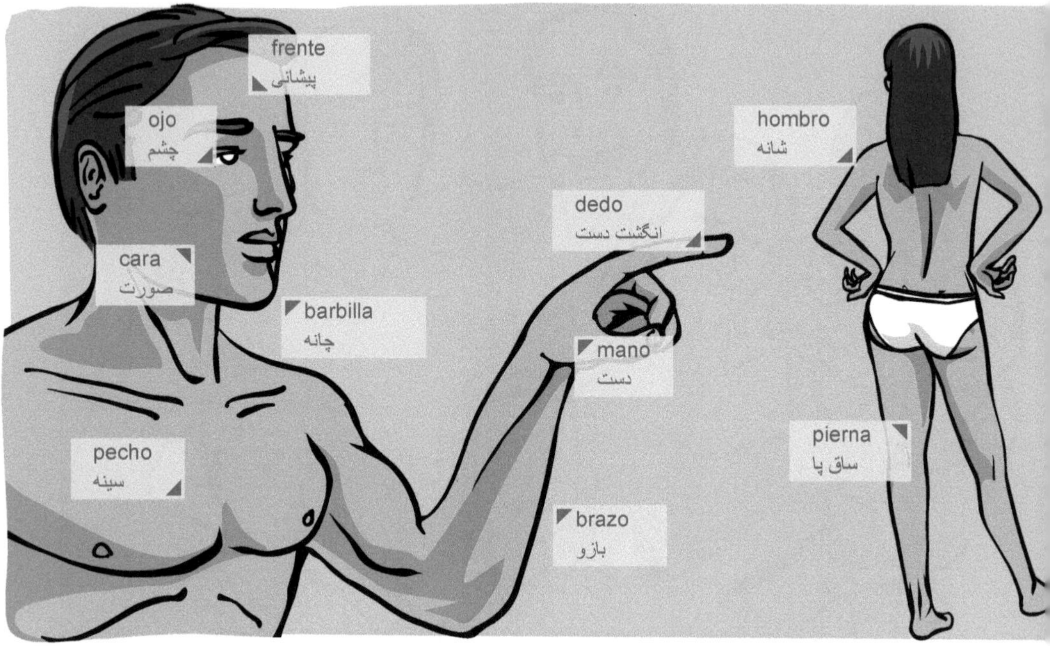

bebé

کودک

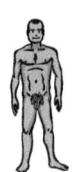

hombre

مرد

mujer

زن

muchacha

دختربچه

joven

پسربچه

cabeza

کله

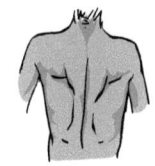

espalda

كمر

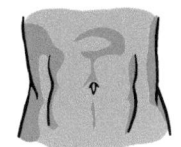

vientre

شكم

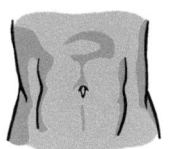

ombligo

ناف

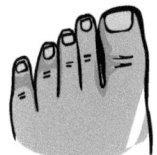

dedo del pie

انگشت پا

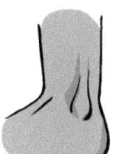

talón

پاشنه

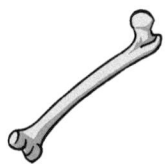

hueso

استخوان

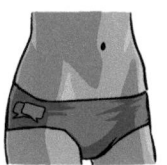

cadera

لگن

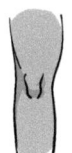

rodilla

زانو

codo

آرنج

nariz

بینی

trasero

نشیمنگاه

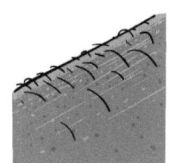

piel

پوست

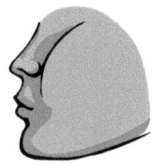

mejilla

گونه

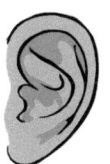

oreja

گوش

labio

لب

boca

دهان

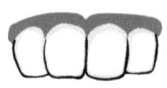

diente

دندان

lengua

زبان

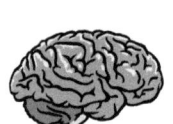

cerebro

مغز

corazón

قلب

músculo

عضله

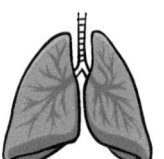

pulmón

ريه

hígado

كبد

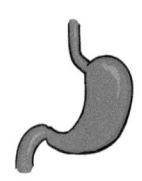

estómago

معده

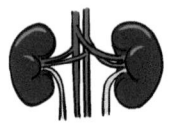

riñones

كليه

relación sexual

آميزش جنسى

condón

كاندوم

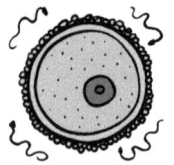

Óvulo

تخمک

esperma

اسپرم

embarazo

حاملگى

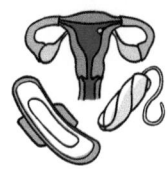

menstruación

پریود

vagina

واژن

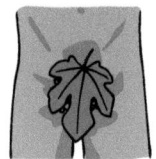

pene

آلت تناسلی مرد

ceja

ابرو

cabello

مو

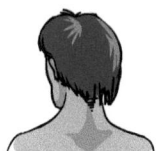

cuello

گردن

hospital
بیمارستان

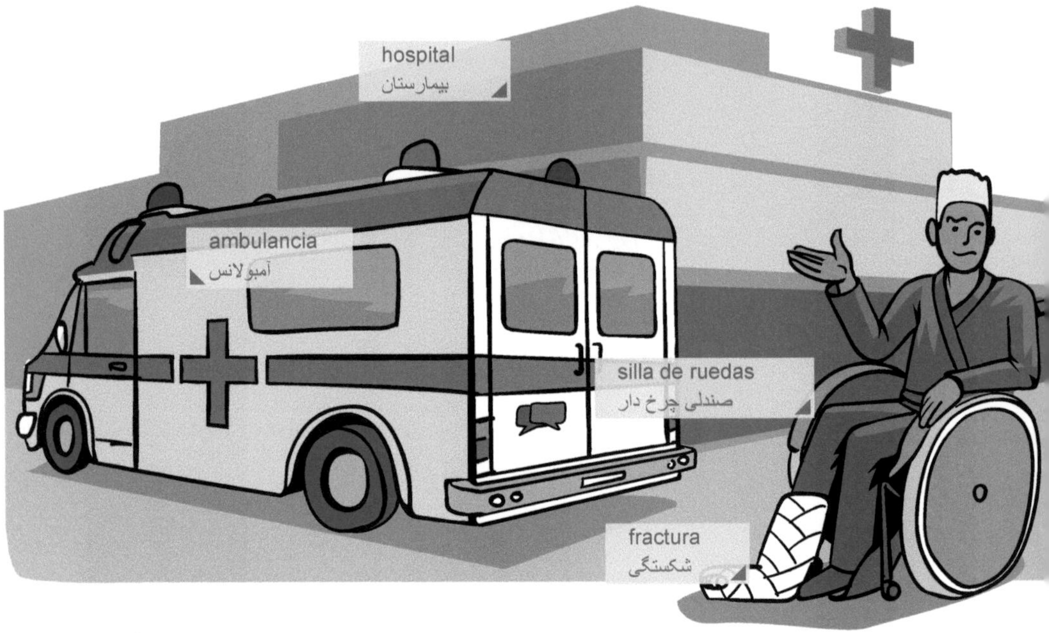

hospital
بیمارستان
ambulancia
آمبولانس
silla de ruedas
صندلی چرخ دار
fractura
شکستگی

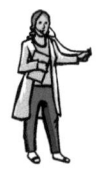

médico

دکتر

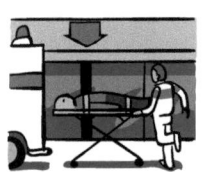

admisión de urgencia

بخش اورژانس

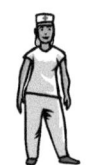

enfermera

پرستار

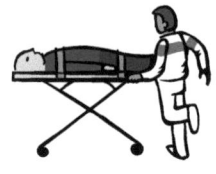

emergencia

موقعیت اضطراری

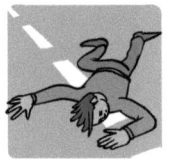

inconsciente

بی هوش

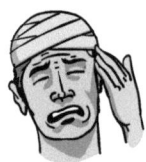

dolor

درد

lesión

مصدومیت

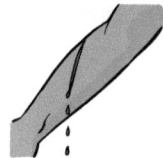

hemorragia

خونریزی

infarto de miocardio

سکته قلبی

apoplejía cerebral

سکته مغزی

alergia

آلرژی

tos

سرفه

fiebre

تب

gripe

آنفولانزا

diarrea

اسهال

dolor de cabeza

سردرد

cáncer

سرطان

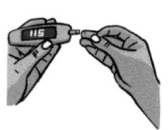

diabetes

دیابت

cirujano

جراح

escalpelo

چاقوی جراحی

operación

عمل جراحی

TC

سی تی اسکن

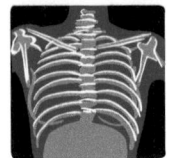

rayos X

پرتونگاری

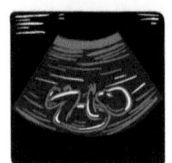

ultrasonido

سونوگرافی

máscara

ماسک صورت

enfermedad

بیماری

sala de espera

اتاق انتظار

muleta

چوب زیر بغل

emplasto

چسب زخم

vendaje

پانسمان

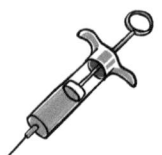

inyección

تزریق

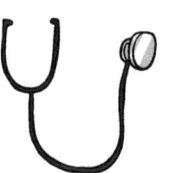

estetoscopio

گوشی طبی

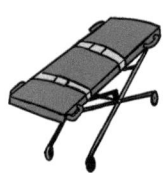

camilla

برانکار

termómetro

دماسنج

nacimiento

زایش

sobrepeso

اضافه وزن

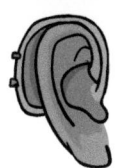

audífono

سمعک

desinfectante

ماده ضد غفونی کننده

infección

عفونت

virus

ویروس

VIH / SIDA

اچ آی وی / ایدز

medicina

دارو

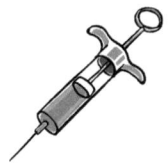

vacunación

واکسیناسیون

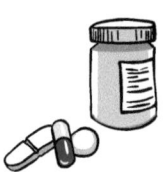

comprimido

قرص

píldora anticonceptiva

قرص ضد حاملگی

llamada de emergencia

تماس اظطراری

medidor de presión arterial

دستگاه اندازه گیری فشارخون

enfermo / saludable

مریض / سالم

emergencia

موقعیت اضطراری

¡Ayuda!

!کمک

alarma

آژیر خطر

asalto

حمله

ataque

حمله ی فیزیکی

peligro

خطر

salida de emergencia

خروج اظطراری

¡Fuego!

آتش

extintor

کپسول آتش‌نشانی

accidente

تصادف

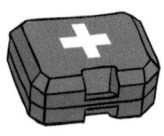

kit de primeros auxilios

جعبه کمک های اولیه

SOS

درخواست کمک

Policía

پلیس

Tierra
کره زمین

Europa

اروپا

América del Norte

آمریکای شمالی

América del Sur

آمریکای جنوبی

África

آفریقا

Asia

آسیا

Australia

استرالیا

Atlántico

اقیا نوس اطلس

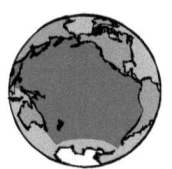

Pacífico

اقیانوس آرام

Océano Índico

اقیانوس هند

Océano Antártico

اقیا نوس اطلس جنوبی

Océano Ártico

اقیانوس منجمد شمالی

Polo Norte

قطب شمال

Polo Sur

قطب جنوب

Antártida

قاره قطب جنوب

Tierra

کره زمین

país

سرزمین

mar

دریا

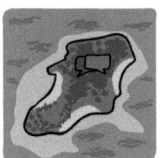

isla

جزیره

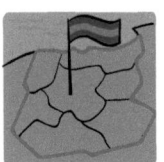

nación

ملت

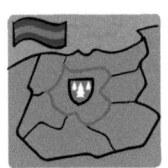

Estado

کشور

reloj

ساعت

cuadrante

صفحه ی ساعت

horario

ساعت شمار

minutero

دقیقه شمار

segundero

ثانیه شمار

¿Qué hora es?

ساعت چند است؟

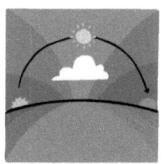

día

روز

tiempo

زمان

ahora

اکنون

reloj digital

ساعت دیجیتال

minuto

دقیقه

hora

ساعت

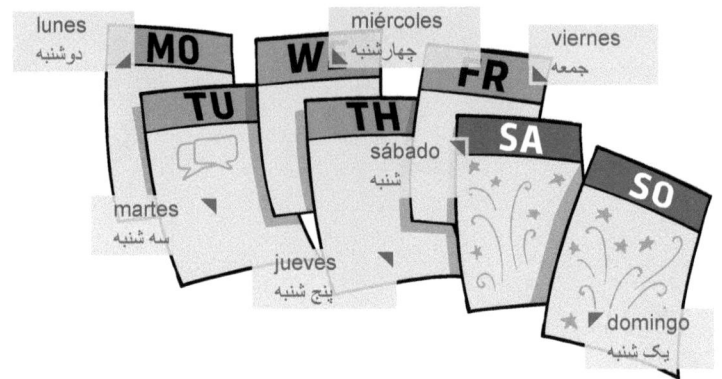

semana

هفته

lunes
دوشنبه
martes
سه شنبه
miércoles
چهارشنبه
jueves
پنج شنبه
viernes
جمعه
sábado
شنبه
domingo
یک شنبه
SA

ayer

دیروز

hoy

امروز

mañana

فردا

mañana

صبح

mediodía

ظهر

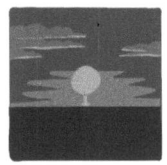

tarde

غروب

jornada de trabajo

روزهای کاری

fin de semana

آخر هفته

lluvia
باران
arco iris
رنگین کمان
nieve
برف
viento
باد
primavera
بهار
otoño
پاییز
verano
تابستان
invierno
زمستان

4.APRIL 11°
5.APRIL 4°
6.APRIL 13°
7.APRIL 8°
8.APRIL 10°

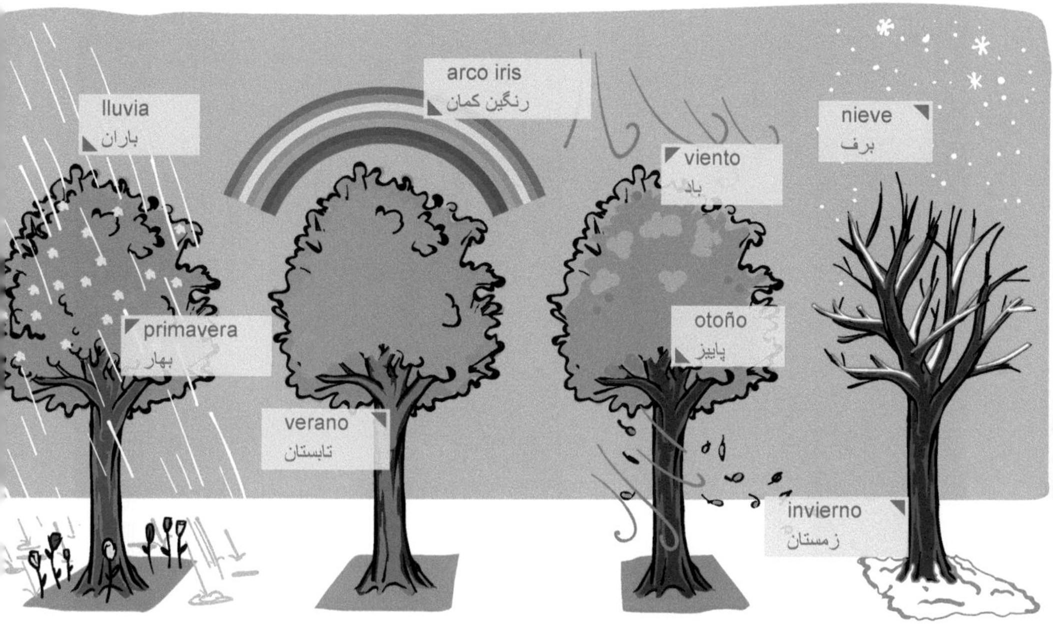

pronóstico meteorológico

پیش‌بینی اوضاع جوی

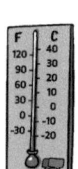

termómetro

دماسنج

luz solar

تابش آفتاب

nube

ابر

niebla

مِه

humedad ambiente

رطوبت هوا

relámpago

صاعقه

trueno

آسمان غره

tormenta

طوفان

granizo

تگرگ

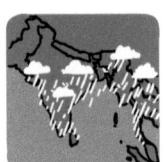

monzón

باد موسمی

inundación

سیل

hielo

یخ

enero

ژانویه

febrero

فوریه

marzo

مارس

abril

آوریل

mayo

مه

junio

ژوئن

julio

ژوئیه

agosto

آگوست

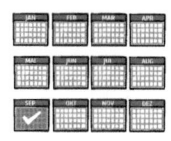

septiembre

سپتامبر

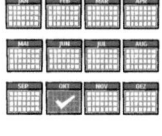

octubre

اكتبر

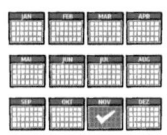

noviembre

نوامبر

diciembre

دسامبر

formas

أشكال

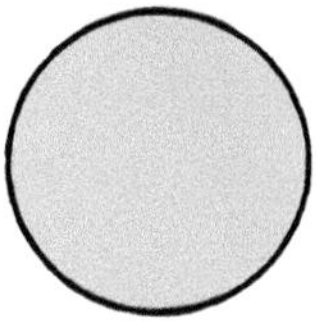

círculo

دايره

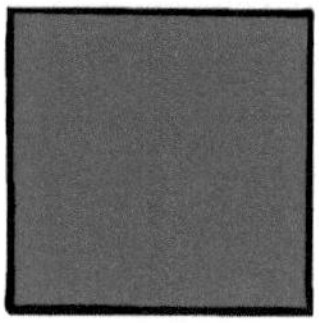

cuadrado

مربع

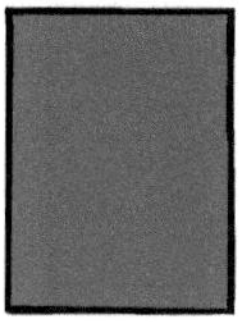

rectángulo

مستطيل

triángulo

سه گوش

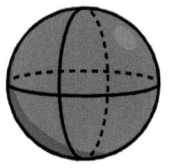

esfera

گره

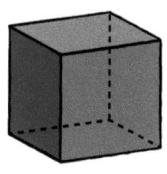

cubo

مكعب مربع

colores

رنگ ها

blanco

سفید

amarillo

زرد

anaranjado

نارنجی

rosa

صورتی

rojo

قرمز

lila

بنفش

azul

آبی

verde

سبز

marrón

قهوه ای

gris

خاکستری

negro

سیاه

opuestos

متضاد ها

mucho / poco

خیلی / کم

enojado / calmado

خشمگین/ آرام

bonito / feo

زیبا / زشت

comienzo / fin

شروع / پایان

grande / pequeño

بزرگ / کوچک

claro / oscuro

روشن / تیره

hermano / hermana

برادر / خواهر

limpio / sucio

تمیز / آلوده

completo / incompleto

کامل / ناقص

día / noche

روز / شب

muerto / vivo

مرده / زنده

ancho / angosto

پهن / باریک

disfrutable / no disfrutable

قابل خوردن / غیر قابل خوردن

malo / amigable

غضبناک / مهربان

excitado / aburrido

هیجان زده / بی حوصله

gordo / delgado

چاق / لاغر

primero / último

اولین / آخرین

amigo / enemigo

دوست / دشمن

lleno / vacío

پر / خالی

duro / suave

سفت / نرم

pesado / liviano

سنگین / سبک

hambre / sed

گرسنگی / تشنگی

enfermo / saludable

مریض / سالم

ilegal / legal

غیرقانونی / قانونی

inteligente / tonto

باهوش / خنگ

izquierda / derecha

چپ / راست

cercano / lejano

نزدیک / دور

nuevo / usado

نو / استفاده شده

nada / algo

هیچ چیز / چیزی

viejo / joven

پیر / جوان

encendido / apagado

روشن / خاموش

abierto / cerrado

باز / بسته

bajo / fuerte

آهسته / بلند

rico / pobre

ثروتمند / فقیر

correcto / incorrecto

درست / غلط

áspero / liso

زبر / صاف

triste / alegre

غمگین / خوشحال

breve / extenso

کوتاه / بلند

lento / veloz

کند / تند

mojado / seco

تر / خشک

caliente / frío

گرم / خنک

guerra / paz

جنگ / صلح

números

اعداد

0	**1**	**2**
cero	uno	dos
صفر	یک	دو
3	**4**	**5**
tres	cuatro	cinco
سه	چهار	پنج
6	**7**	**8**
seis	siete	ocho
شش	هفت	هشت
9	**10**	**11**
nueve	diez	once
نه	دَه	یازده

12

doce

دوازده

13

trece

سیزده

14

catorce

چهارده

15

quince

پانزده

16

dieciséis

شانزده

17

diecisiete

هفده

18

dieciocho

هجده

19

diecinueve

نوزده

20

veinte

بیست

100

cien

صد

1.000

mil

هزار

1.000.000

millón

میلیون

idiomas

زبان ها

inglés

انگلیسی

inglés estadounidense

انگلیسی آمریکایی

chino mandarín

چینی ماندارین

hindi

هندی

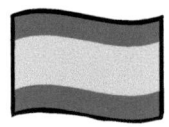

español

اسپانیایی

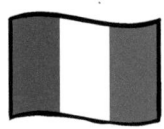

francés

فرانسوی

árabe

عربی

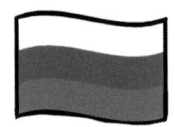

ruso

روسی

portugués

پرتغالی

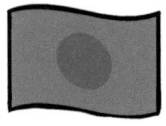

bengalí

بنگالی

alemán

آلمانی

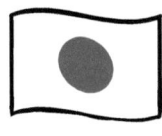

japonés

ژاپنی

quién / qué / cómo
چه کسی / چه چیزی / چگونه

yo

من

tú

تو

él / ella

او

nosotros

ما

vosotros

شما

ellos

آنها

¿quién?

چه کسی؟ کی؟

¿qué?

چی؟

¿cómo?

چگونه؟

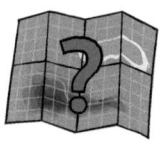

¿dónde?

کجا؟

¿cuándo?

کِی؟

nombre

نام

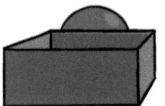

donde

کجا

detrás

پشت

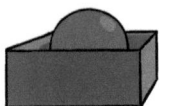

en

توی

delante de

جلو

encima de

بالای

sobre

روی

debajo de

زیر

junto a

مجاور

entre

بین

lugar

مکان